THIS NOTEBOOK BELONGS TO

_____

Lesson: Introduction   Date: 2/23/20

Draw a picture about the Lesson

What did I learn

I learned that heavenly father isn't a god by himself

Something I am grateful for

I am grateful that on my mission that I could meet new people.

Doodle Page

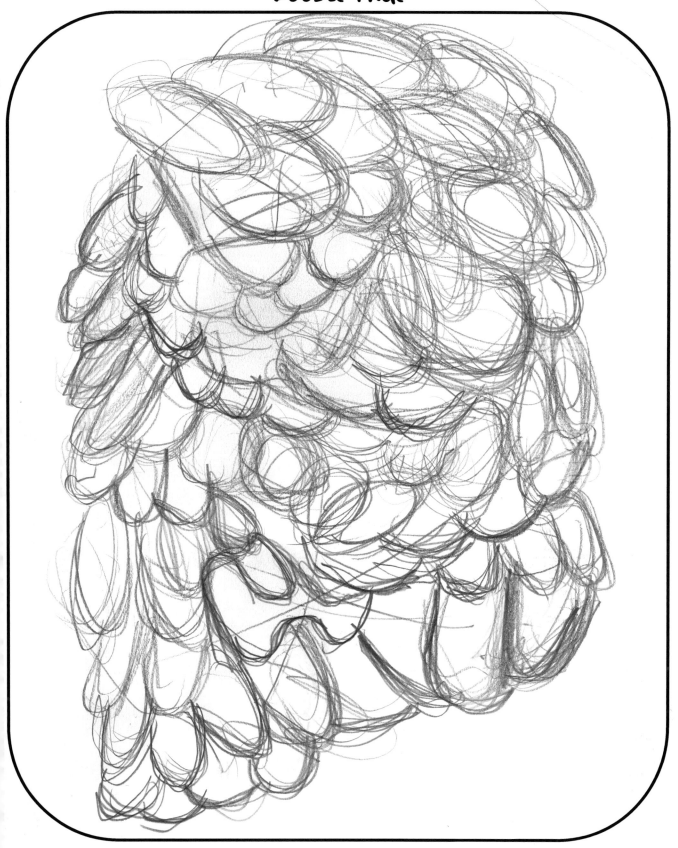

Lesson: 1 Nephi 1 - 7   Date: _____

Draw a picture about the lesson

What did I learn

Something I am grateful for

Doodle Page

Lesson: 1 Nephi 8 - 10   Date: _____

Doodle Page

Lesson: 1 Nephi 11 – 15   Date: _____

Draw a picture about the lesson

What did I learn

Something I am grateful for

Doodle Page

Lesson: 1 Nephi 16 - 22   Date: _____

Draw a picture about the Lesson

What did I learn

Something I am grateful for

Doodle Page

Lesson: 2 Nephi 1 - 5   Date: _____

Draw a picture about the lesson

What did I learn

Something I am grateful for

Doodle Page

Lesson: 2 Nephi 6 - 10   Date: _____

Draw a picture about the lesson

What did I learn

Something I am grateful for

Doodle Page

Lesson: 2 Nephi 11 - 25   Date: _____

Draw a picture about the lesson

What did I learn

Something I am grateful for

Doodle Page

Lesson: 2 Nephi 26 - 30   Date: _____

Draw a picture about the lesson

What did I learn

Something I am grateful for

Doodle Page

Lesson: 2 Nephi 31 - 33 Date: _____

Doodle Page

Lesson: Jacob 1 - 4   Date: _____

Draw a picture about the Lesson

What did I learn

Something I am grateful for

Doodle Page

Lesson: Jacob 5 – 7

Date: _____

Draw a picture about the Lesson

What did I learn

Something I am grateful for

Doodle Page

Lesson: Enos — Words of Mormon   Date: _____

Draw a picture about the Lesson

What did I learn

Something I am grateful for

Doodle Page

Doodle Page

Lesson: Mosiah 1 - 3   Date: _____

Draw a picture about the Lesson

What did I learn

Something I am grateful for

Doodle Page

Lesson: Mosiah 4 - 6   Date: _____

Draw a picture about the Lesson

What did I learn

Something I am grateful for

Doodle Page

Lesson: Mosiah 7 - 10   Date: _____

Draw a picture about the lesson

What did I learn

Something I am grateful for

Doodle Page

Lesson: Mosiah 11 - 17   Date: _____

Draw a picture about the lesson

What did I learn

Something I am grateful for

Doodle Page

Lesson: Mosiah 18 - 24   Date: _____

Draw a picture about the lesson

What did I learn

Something I am grateful for

Doodle Page

Lesson: Mosiah 25 - 28   Date: _____

Draw a picture about the Lesson

What did I learn

Something I am grateful for

Doodle Page

Lesson: Mosiah 29 — Alma 4   Date: _____

Draw a picture about the lesson

What did I learn

Something I am grateful for

Doodle Page

Lesson: Alma 5 – 7   Date: _____

Draw a picture about the Lesson

What did I learn

Something I am grateful for

Doodle Page

Lesson: Alma 8 - 12　　　　　Date: _____

Draw a picture about the lesson

What did I learn

Something I am grateful for

Doodle Page

Lesson: Alma 13 - 16   Date: _____

Draw a picture about the lesson

What did I learn

Something I am grateful for

Doodle Page

Lesson: Alma 17 – 22   Date: _____

Draw a picture about the Lesson

What did I learn

Something I am grateful for

Doodle Page

Lesson: Alma 23 — 29   Date: _____

Draw a picture about the lesson

What did I learn

Something I am grateful for

Doodle Page

Lesson: Alma 30 — 31   Date: _____

Draw a picture about the lesson

What did I learn

Something I am grateful for

Doodle Page

Lesson: Alma 32 — 35   Date: _____

Doodle Page

Lesson: Alma 36 — 38   Date: _____

Draw a picture about the lesson

What did I learn

Something I am grateful for

Doodle Page

Lesson: Alma 39 – 42

Date: _____

Draw a picture about the lesson

What did I learn

Something I am grateful for

Doodle Page

Lesson: Alma 43 — 52

Date: _____

Doodle Page

Lesson: Alma 53 — 63

Date: _____

Draw a picture about the lesson

What did I learn

Something I am grateful for

Doodle Page

Lesson: Helaman 1 – 6 Date: _____

Draw a picture about the Lesson

What did I learn

Something I am grateful for

Doodle Page

Lesson: Helaman 7 — 12   Date: _____

Draw a picture About the Lesson

What did I learn

Something I am grateful for

Doodle Page

Lesson: Helaman 13 - 16   Date: _____

Draw a picture about the lesson

What did I learn

Something I am grateful for

Doodle Page

Lesson: 3 Nephi 1 – 7 Date: _____

Draw a picture about the lesson

What did I learn

Something I am grateful for

Doodle Page

Lesson: 3 Nephi 8 — 11   Date: _____

Draw a picture about the Lesson

What did I learn

Something I am grateful for

Doodle Page

Lesson: 3 Nephi 12 — 16   Date: _____

Draw a picture about the Lesson

What did I learn

Something I am grateful for

Doodle Page

Lesson: 3 Nephi 17 — 19

Date: _____

Draw a picture about the Lesson

What did I learn

Something I am grateful for

Doodle Page

Lesson: 3 Nephi 20 — 26

Date: _____

Draw a picture about the Lesson

What did I learn

Something I am grateful for

Doodle Page

Lesson: 3 Nephi 27 — 4 Nephi

Date: _____

Draw a Picture About the Lesson

What did I learn

Something I am grateful for

Doodle Page

Lesson: Mormon 1 — 6 Date: _____

Draw a picture about the lesson

What did I learn

Something I am grateful for

Doodle Page

Lesson: Mormon 7 — 9

Date: _____

Draw a picture about the lesson

What did I learn

Something I am grateful for

Doodle Page

Lesson: Ether 1 — 5   Date: _____

Draw a picture about the lesson

What did I learn

Something I am grateful for

Doodle Page

Lesson: Ether 6 – 11   Date: _____

Draw a picture about the Lesson

What did I learn

Something I am grateful for

Doodle Page

Lesson: Ether 12 – 15   Date: _____

Draw a picture about the Lesson

What did I learn

Something I am grateful for

Doodle Page

Lesson: Moroni 1 — 6   Date: _____

Draw a picture about the Lesson

What did I learn

Something I am grateful for

Doodle Page

Lesson: Moroni 7 — 9   Date: _____

Draw a picture about the Lesson

What did I learn

Something I am grateful for

Doodle Page

Lesson: Moroni 10   Date: _____

Draw a picture about the lesson

What did I learn

Something I am grateful for

Doodle Page

Lesson: Christmas   Date: _____

Draw a picture about the lesson

What did I learn

Something I am grateful for

Doodle Page

Doodle Page

Doodle Page

Doodle Page

Doodle Page

Doodle Page

Doodle Page

Made in the USA
San Bernardino, CA
16 December 2019